Commentaire

Par Stéphanie Favreau

Fondements de la métaphysique des moeurs

Le règne des fins

Kant

KANT

PHILOSOPHE ALLEMAND FONDATEUR DE LA PHILOSOPHIE CRITIQUE ET TRANSCENDANTALE

- **Né en 1724 à Königsberg**
- **Décédé en 1804 dans la même ville**
- **Quelques-unes de ses œuvres :**
  - *Critique de la raison pure* (1781)
  - *Critique de la raison pratique* (1788)
  - *Critique de la faculté de juger* (1790)

Emmanuel Kant est un penseur allemand issu d'une **famille modeste et pieuse**. Il a été élevé selon les principes du piétisme, forme de protestantisme alors présent en Allemagne.

Sa carrière philosophique s'articule autour de **trois œuvres majeures** : *Critique de la raison pure* (1781), *Critique de la raison pratique* (1788) et *Critique de la faculté de juger* (1790). Kant est à l'origine d'une **nouvelle façon d'interroger le monde** et dépasse les polémiques de son époque pour proposer une **solution originale aux problèmes de la connaissance, de la moralité et de la finalité dans la nature**. La philosophie critique de Kant représente une rupture dans l'histoire des idées souvent comparée à celle de la révolution copernicienne en astrophysique. Dans la pensée kantienne, il ne s'agit plus de s'interroger sur les choses telles qu'elles sont en elles-mêmes, mais sur le **rôle fondamental du sujet dans son rapport aux objets et au monde**. Le terme de « philosophie transcendantale » désigne la réflexion du

philosophe sur les conditions de possibilité de la connaissance des objets par le sujet.

En parallèle de son œuvre philosophique, Kant, **philosophe
des Lumières**, a toujours défendu l'émancipation des
peuples. Sa gentillesse, sa droiture et l'étendue de son savoir
lui firent gagner l'estime de ses contemporains.

LES *FONDEMENTS DE LA MÉTAPHYSIQUE DES MŒURS*

PRÉMICES D'UNE NOUVELLE DÉFINITION DE LA LIBERTÉ HUMAINE

Si ce texte, paru en **1785**, appartient davantage au volet critique de l'œuvre kantienne qu'à un opuscule en lien avec un évènement historique précis, on ne peut séparer radicalement ces deux types d'écrits du philosophe. La cohérence de sa pensée est ce qui a fait sa force et son succès. Ainsi, c'est bien en t**ant que philosophe des Lumières que Kant aborde** la question de la moralité humaine et de la liberté dans les *Fondements de la métaphysique des mœurs*.

MISE EN CONTEXTE

UNE PHILOSOPHIE MORALE

Tandis que la *Critique de la raison pure* s'interrogeait sur ce qui est – répondant à la question « Que puis-je savoir ? » –, les *Fondements de la métaphysique des mœurs*, et ensuite la *Critique de la raison pratique*, publiée trois ans plus tard, s'interrogent sur ce qui doit être : **« Que dois-je faire ? »** En d'autres termes, Kant ne s'intéresse plus, ici, aux conditions de possibilité du savoir, mais plutôt aux **conditions de possibilité du devoir**. Pour le dire encore autrement, il ne s'agit pas d'une métaphysique de la nature, mais d'une métaphysique des mœurs.

> **BON À SAVOIR**
>
> La **métaphysique** désigne la science qui recherche les causes premières et les principes premiers.

L'objectif des *Fondements* est principalement pédagogique : **Kant y énonce les principes de la moralité, c'est-à-dire les lois du devoir inscrites au cœur de la raison pratique de chaque homme**. Kant distingue en effet deux usages de la raison :

- d'une part l'usage théorique de la raison, qui relève de la philosophie de la connaissance et est relatif à la connaissance de la nature ;
- d'autre part l'usage pratique de la raison, qui s'applique à

ce qui, abstraction faite de la nature, ne s'adresse qu'à la volonté du sujet.

Dans son usage théorique, la raison énonce les lois de la connaissance de la réalité sensible, tandis que dans son usage pratique, elle détermine les lois du devoir. Bien que l'objet de la raison soit différent dans ces deux usages, la législation est tout aussi stricte dans les deux cas.

L'entreprise des *Fondements* recèle un double intérêt :

- il s'agit, d'une part, de **fonder une morale universelle et nécessaire au-delà de tout intérêt particulier** ;
- d'autre part, de **montrer à l'homme que les principes de la morale sont inscrits en lui-même** et ne proviennent pas d'un dogme religieux, donc d'une transcendance. Pourvu qu'il écoute la voix de sa raison, l'homme est dès lors capable d'adopter un comportement éthique.

Une philosophie morale peut être soit empirique et partir des faits réels, soit pure et ne prendre appui que sur **des principes à priori**, c'est-à-dire des **principes déjà présents dans l'esprit de l'homme et sans lien avec l'expérience**. Pour fonder sa philosophie morale, Kant a recours aux principes à priori : selon lui, tout homme connait l'idée commune du devoir et des lois morales indépendamment de l'expérience. Si l'on commet une action mauvaise sur le plan moral, on a immédiatement le sentiment de sa faute. **Le but des *Fondements* est alors de dévoiler les principes à priori de la morale**.

QU'EST-CE QUE LA « BONNE VOLONTÉ » ?

Dans la première section de l'œuvre, **Kant définit la bonne volonté, ou l'action moralement bonne**, et éclaire la nécessité d'un passage de la connaissance rationnelle commune de la moralité à la connaissance philosophique. Nous associons spontanément certaines qualités à la notion de bien, comme par exemple le courage, l'intelligence, etc. Mais ces qualités peuvent tout aussi bien avoir un rôle négatif et être au service d'une mauvaise action. Ces attributs ne sont donc pas bons en eux-mêmes, mais seulement lorsqu'ils sont utilisés par une bonne volonté.

Ce qu'il faut entendre ici par « bonne volonté » ou par « action moralement bonne » ne relève pas de l'objet ou du contenu de l'acte, mais seulement de sa forme. En d'autres termes, ce qui compte, ce n'est pas l'objet qui est voulu, mais la manière dont il est voulu. **Une volonté est moralement bonne si et seulement si elle se détermine sans égard pour les passions sensibles, au-delà de tout motif particulier et suivant les seuls principes rationnels et universels inscrits au cœur de la raison pratique**. Autrement dit, l'action moralement bonne l'est dans sa forme, non dans son contenu.

Chacun a une définition différente du bien et du bonheur : **il y a autant de façons d'être heureux que d'individus**. Il faut donc non seulement abandonner l'idée de trouver la formule universelle du bonheur, mais également **séparer la moralité de la volonté de toute quête de ce type**. Si la fin de l'homme avait été le bonheur, selon Kant, l'instinct aurait suffi dans la mesure où chacun s'adonne naturellement aux plaisirs de son choix. Mais l'homme est un être rationnel et une volonté moralement bonne ne peut être qu'une volonté conforme aux lois de la raison pratique. La destination de l'homme n'est donc pas empirique, elle est rationnelle.

L'IMPÉRATIF CATÉGORIQUE

Kant, dans les *Fondements*, part **à rebours des conceptions classiques de la moralité qui lient vertu et bonheur**. Ici, la bonne volonté ne se définit pas par la faculté de désirer quelque chose de bien, mais par sa capacité à se déterminer à agir au-delà de toute détermination empirique, selon les seules lois de la raison.

Le philosophe n'est cependant pas dupe de la nature humaine, de sa dualité constitutive. En effet, si chacun sent les reproches de sa conscience dès qu'il agit mal et que les lois morales sont inscrites au sein même de la raison humaine, comment se fait-il que l'opinion commune ne suffise pas, qu'une métaphysique des mœurs soit nécessaire ?

C'est que tout rationnel qu'il soit, l'homme est également un être sensible qui tend naturellement à faire passer ses intérêts particuliers avant ceux de la raison universelle. En réalité, seule la volonté d'un saint serait immédiatement déterminée par la loi morale. En ce qui concerne l'homme, agir conformément à la morale relève du devoir, de ce que le philosophe appelle « l'impératif catégorique ».

L'extrait que nous allons étudier est issu de la deuxième section de l'œuvre, où Kant énonce les diverses formulations de l'impératif catégorique. Il s'agit plus précisément d'un passage qui prépare la troisième formulation de cet impératif, relative au règne des fins comme enjeu ultime de la moralité humaine.

TEXTE

LE RÈGNE DES FINS

Il n'est maintenant plus surprenant, si nous jetons un regard en arrière sur toutes les tentatives qui ont pu être faites pour découvrir le principe de la moralité, que toutes aient nécessairement échoué. On voyait l'homme lié par son devoir à des lois, mais on ne réfléchissait pas qu'il n'est soumis qu'à sa propre législation, encore que cette législation soit universelle, et qu'il n'est obligé d'agir que conformément à sa volonté propre, mais sa volonté établissant suivant la fin naturelle (*Naturzwecke nach*) une législation universelle. Car, si l'on ne le concevait que comme soumis à une loi (quelle qu'elle soit), celle-ci impliquerait nécessairement en elle un intérêt sous forme d'attrait ou de contrainte, parce qu'elle ne dériverait pas comme loi de sa volonté, et que sa volonté serait forcée conformément à la loi par quelque chose d'autre à agir d'une certaine manière. Or c'était cette conséquence de tout point inévitable qui faisait que tout travail pour trouver un principe suprême du devoir était perdu sans retour. Car on ne découvrait jamais le devoir, mais la nécessité d'agir par un certain intérêt. Que cet intérêt fût un intérêt personnel ou un intérêt étranger, l'impératif affectait toujours alors nécessairement un caractère conditionnel et ne pouvait en rien être bon pour le commandement moral. J'appellerai donc ce principe, principe de l'AUTONOMIE de la volonté, en opposition avec tous les autres principes, que pour cela je mets au compte de l'HÉTÉRONOMIE.

Le concept suivant lequel tout être raisonnable doit se considérer comme établissant par toutes les maximes de sa volonté une législation universelle afin de se juger soi-même et ses actions de ce point de vue, conduit à un concept très fécond qui s'y rattache, je veux dire le concept d'*un règne des fins*.

Or par *règne* j'entends la liaison systématique de divers êtres raisonnables par des lois communes. Et puisque des lois déterminent les fins pour ce qui est de leur aptitude à valoir universellement, si l'on fait abstraction de la différence personnelle des êtres raisonnables et aussi de tout le contenu de leurs fins particulières, on pourra concevoir un tout de toutes les fins (aussi bien des êtres raisonnables comme fins en soi que des fins propres que chacun peut se proposer), un tout consistant dans une union systématique, c'est-à-dire un règne des fins qui est possible d'après les principes énoncés plus haut.

Car des êtres raisonnables sont tous sujets de la loi selon laquelle chacun d'eux ne doit jamais se traiter soi-même et traiter les autres *simplement comme des moyens, mais toujours en même temps comme des fins en soi*. Or de là découle une liaison systématique d'êtres raisonnables par des lois objectives communes, c'est-à-dire un règne qui, puisque ces lois ont précisément pour but le rapport de ces êtres les uns aux autres, comme fins et moyens, peut être appelé règne des fins (qui n'est à la vérité qu'un idéal).

KANT (Emmanuel), *Fondements de la métaphysique des mœurs*, Paris, Vrin, 2004, p. 149-150.

EXPLICATION ET ANALYSE DU TEXTE

Dans cet extrait, Kant met en lumière **les enjeux de la bonne volonté** telle qu'il l'a décrite auparavant.

On peut diviser ce texte en deux parties faisant chacune ressortir un concept clé de la moralité kantienne :

- la première partie met en avant le concept de liberté comme autonomie d'une volonté qui ne se détermine que par rapport aux seuls principes de la raison pratique ;
- la deuxième partie nous enjoint à une expérience de pensée nous permettant d'envisager l'homme d'un point de vue purement rationnel et moral.

LE CONCEPT DE LIBERTÉ

Dans un premier temps, le texte nous éclaire sur la forme que doit prendre l'action pour pouvoir prétendre au titre d'action moralement bonne.

Le principe suprême de la moralité

Kant constate tout d'abord que **toutes les tentatives pour définir un principe suprême de la moralité ont jusqu'ici échoué** : ces tentatives ont cherché aux devoirs, c'est-à-dire aux actions moralement bonnes, un fondement extrinsèque (extérieur) à la raison, par exemple la recherche du plaisir ou la soumission aux commandements de Dieu. Kant prétend mettre fin à toute querelle d'école en proposant une définition incontestable et inédite de ce qu'est une action moralement bonne.

Si d'autres théories ont quant à elles intégré que **devoirs et lois sont inséparables**, encore faut-il distinguer deux types de législation :

- d'une part, une législation extrinsèque à la raison ;
- d'autre part, des lois que l'on trouve inscrites en soi-même.

En morale, selon Kant, **l'homme est bien soumis à des lois, mais ces lois, il ne les trouve qu'en lui-même** – elles ne lui sont pas imposées de l'extérieur – **et elles sont universelles** : « [...] il n'est obligé d'agir que conformément à sa volonté propre, mais à sa volonté établissant suivant la fin naturelle une législation universelle. » Plus précisément, dans la mesure où l'homme est un être rationnel, il peut trouver en lui-même le principe d'une législation universelle. La raison désigne ici une faculté universelle inscrite en chaque individu pris séparément, mais qui y exprime des lois valables pour tous. Par conséquent, **la fin naturelle de la raison est d'énoncer des lois morales qui valent universellement et qui lui sont intrinsèques** (intérieures). Dès lors, le sujet qui ne détermine sa volonté qu'eu égard aux lois intrinsèques de la raison pratique agit conformément au principe suprême de la moralité. L'individu a donc en lui-même le pouvoir – et par là même le devoir – de la moralité.

Mais quel enjeu y a-t-il à ancrer ainsi la législation morale en l'homme ?

La distinction entre « par devoir » et « conformément au devoir »

Obéir à une loi qui nous est imposée de l'extérieur est différent d'obéir aux lois que l'on se donne à soi-même. Si la loi nous est extrinsèque, comme c'est par exemple le cas des **lois du droit civil**, nous sommes dans l'**obligation** de nous y soumettre sous peine de sanction. La loi exerce donc une **contrainte**. C'est parce que nous craignons la sanction que nous nous y soumettons. Nous lui obéissons donc parce que nous y avons intérêt. On peut aussi envisager le cas de figure où l'obéissance à la loi n'est pas motivée par la crainte d'une sanction, mais par l'espoir d'une récompense : si l'on respecte le code de la route le jour de l'examen, on obtiendra le permis de conduire.

Dans les deux cas, les lois auxquelles l'individu se soumet ne sont pas issues de sa volonté et il doit s'y soumettre en vertu d'un motif qui trouve son fondement en dehors du seul impératif moral. Dès lors, on peut dire qu'il agit **« conformément au devoir »**. En somme, il se soumet par contrainte ou intérêt à la loi.

Inversement, on dit que l'individu agit **« par devoir »** lorsqu'il se soumet à la loi parce qu'il est **en accord avec les valeurs** qu'elle véhicule, par pur **respect pour la loi**.

Selon Kant, **aucune action moralement bonne ne peut trouver de fondement dans la crainte ou l'intérêt**. On ne dira pas d'un sujet qu'il est bon parce qu'il rend service à son prochain s'il en attend en échange un avantage. Il en va de même dans le cas où l'on forcerait quelqu'un à aider une tierce personne sous peine de le sanctionner. La loi morale ne se marchande pas. **L'action moralement bonne procède ainsi d'une intention pure** conforme à la loi morale universelle issue de la raison pratique. En d'autres termes, agir moralement, c'est agir **par devoir**. Dans la mesure où aucune des tentatives de fondement d'une métaphysique des mœurs n'était jusque-là parvenue à une telle conclusion et qu'elles ne distinguaient pas les actions faites par devoir (moralement bonnes) de celles accomplies simplement conformément au devoir, elles étaient, selon Kant, nécessairement vouées à l'échec.

La liberté comme autodétermination à priori de la volonté

Le **principe suprême de la moralité**, Kant l'appelle « **principe de l'AUTONOMIE de la volonté** ». Pour bien comprendre ce que désigne l'autonomie, il faut d'abord distinguer les actions morales inconditionnées et les actions conditionnées par un motif empirique :

- **une action moralement bonne est immédiatement déterminée par la loi morale**. Il y a un accord entre volonté et raison pratique, de telle sorte que le sujet n'a pas à entrer dans une démarche de calcul de rapports de moyens à fins. Par exemple, il ne se dit pas : « Si je veux que mon action soit bonne, il faut que je fasse cela. » La volonté est immédiatement déterminée par un « tu dois » qui trouve sa fin en lui-même. L'impératif moral est dit « inconditionné » ;
- **inversement, est dit « conditionné » tout acte qui trouve la source de sa motivation en dehors des lois**

à priori de la raison pratique. Toute détermination de l'acte par rapport à un motif empirique, comme la recherche de tel plaisir ou de tel intérêt particulier, est immorale (contraire aux principes de la morale).

Il faut noter que bien et mal ou moralité et immoralité ne sont pas relatifs aux objets, c'est-à-dire aux contenus de la loi, mais à la forme de l'intention du sujet :

- dans la mesure où **la loi à laquelle la volonté se soumet est issue de la seule raison pratique** et est immédiatement déterminée par elle au-delà de toute quête de plaisir sensible ou d'intérêt particulier, **cette volonté est bonne et autonome**. Le sujet est alors dit libre ;
- Kant qualifie au contraire de « pathologique » **la volonté déterminée par un motif empirique**. Dans ce cas, la volonté est **hétéronome** et le sujet, parce qu'il est soumis à son environnement, n'est **pas libre**. Subjectivement, l'agent se donne une fin à atteindre et, objectivement, il met en œuvre divers moyens pour atteindre cette fin. Par exemple, s'il veut gagner de l'argent, il travaillera.

Lorsque l'impératif (la loi morale) est déterminé par un motif empirique, on dit qu'il est conditionnel ou hypothétique. Par contre, **lorsque l'impératif est inconditionné dans la mesure où il a sa fin en lui-même, on dit qu'il est catégorique**. Puisque l'homme est un être rationnel, il se doit d'agir uniquement en vertu des lois de la raison pratique au-delà de tout autre motif et par devoir. C'est seulement à cette condition que le sujet est libre et autonome.

Pour résumer et conclure ce premier point, rappelons la

première formulation de l'impératif catégorique : « Agis uniquement d'après la maxime qui fait que tu peux vouloir en même temps qu'elle devienne une loi universelle [de la nature]. » (p. 128-129)

LA PERSONNALITÉ

La *Critique de la raison pure* délimitait le champ du savoir comme champ des phénomènes (c'est-à-dire de ce qui apparaît à la conscience). Or si tout phénomène est par définition soumis aux lois de la nature et par là-même soumis au déterminisme causal, de la liberté il ne peut être question qu'au-delà des phénomènes, dans le monde des noumènes (c'est-à-dire des idées qui ne se trouvent pas dans le champ de l'expérience ou de la connaissance).

La distinction entre « monde phénoménal » et « monde nouménal »

Le concept d'autonomie désigne la capacité du sujet à vouloir que toutes les maximes de son action puissent être universelles. L'une des manières de tester la bonté de ses actions consiste donc à se demander : « Que se passerait-il si tout le monde agissait de cette façon ? » C'est au sujet de découvrir en lui les fondements rationnels pratiques qui le guideront et lui permettront d'évaluer les maximes subjectives de ses actes au regard des critères d'universalité. Son devoir consiste à juger ses actes, à évaluer ses maximes uniquement sur la base de critères rationnels.

Mais **l'homme est un être dont la nature est double**. Pour pouvoir procéder à un tel exercice, il doit faire abstraction de sa nature sensible, de ses penchants empiriques. **C'est seulement dans la mesure où il se considère comme faisant partie, abstraction faite du monde phénoménal, du monde nouménal, qu'il peut juger de la moralité de ses intentions et de ses actes**. Ce qui compte alors n'est pas le succès ou les conséquences de l'acte, mais l'intention qui le gouverne. Est-elle conforme à l'impératif catégorique ou bien un mobile sensible y est-il dissimulé ?

Le pouvoir de s'autodéterminer en deçà ou au-delà du monde des phénomènes ouvre à l'homme le royaume de la liberté, c'est-à-dire ici de la responsabilité morale de ses actes. Être libre, ce n'est pas choisir entre plusieurs possibles celui que l'on préfère, c'est n'obéir qu'aux lois que l'on se donne à soi-même en tant qu'être rationnel. Être libre, c'est **réaliser la fin de la raison pratique**, et c'est dans cette mesure que nous sommes conduits à **l'expérience de pensée d'un « règne des fins »**.

Il s'agit donc de faire abstraction de la nature sensible de l'homme pour ne considérer que sa nature rationnelle. De la même manière que le monde phénoménal est soumis aux **lois de la nature**, le monde nouménal ou intelligible est soumis à ce qui peut sans contradiction aucune être appelé **les lois de la liberté**. Envisagées sous l'angle phénoménal, les actions de l'homme sont soumises aux lois de la nature. Envisagées sous l'angle nouménal, les intentions de l'homme doivent être soumises aux lois de la liberté.

Le règne des fins comme royaume de la liberté

On a déjà vu que la raison devait être considérée comme une

puissance ou une faculté qui, tout en étant parfaitement universelle, est inscrite en chacun. Ainsi, **il n'y a pas de privilèges de la moralité ni de la liberté** : chacun peut être libre pour autant qu'il écoute sa raison. S'il est impossible de fonder la moralité sur le bonheur (précisément parce qu'il y a autant de façons d'être heureux que d'hommes), la raison pratique, quant à elle, enseigne les mêmes impératifs à chacun – il faut toutefois bien comprendre qu'il ne s'agit pas d'un contenu prédéterminé et valable en toute situation, mais d'un enseignement de la forme que la volonté doit prendre pour être morale. **La raison pratique est donc ce qui rend possible « la liaison systématique des divers êtres raisonnables par des lois communes ».**

La raison au sens large a une tendance naturelle à rechercher, pour une série de phénomènes donnés, leur cause ultime, leur principe d'origine, et elle remonte ainsi naturellement à l'inconditionné.

Le **« règne des fins »** est **le concept auquel aboutit la raison lorsqu'elle cherche le principe inconditionné de l'action morale**. Il désigne **un royaume nouménal** composé d'êtres purement rationnels, et uniquement envisagés (et envisageables) comme tels. Dans la mesure où la législation y est universelle, dans un tel règne il serait fait abstraction de tout le contenu des fins particulières des agents moraux. Seule serait envisagée la forme rationnelle et universelle non seulement de leur maxime, mais de leur être même. Dans un tel règne, abstraction est faite de la nature sensible de l'homme.

L'homme comme fin en soi

Il faut ici rappeler la deuxième formulation de l'impératif catégorique kantien : « Agis de telle sorte que tu traites l'humanité aussi bien dans ta personne que dans la personne de tout autre toujours en même temps comme une fin, et jamais simplement comme un moyen. » (p. 142-143)

On a vu dans la première partie du texte que l'impératif moral pouvait être dit catégorique dans la mesure où il n'était pas conditionné et trouvait sa fin en lui-même. Ainsi, du point de vue de la forme, une volonté bonne est une volonté qui s'autodétermine eu égard à cet impératif au-delà de tout motif empirique. Du point de vue de la matière, qui est donc ici une matière toute intelligible, une volonté est bonne si et seulement si elle envisage les autres êtres doués de raison du point de vue nouménal.

Un homme, précisément en tant qu'il est doué de raison, est donc **lui-même une fin en soi**. La raison en lui est **matière à respect**. Ce qui oblige chacun à voir en l'autre une fin en soi et pas simplement un moyen en vue d'une fin, c'est le fait que soit inscrit en lui, parce qu'il est rationnel, les lois de la raison qui sont aussi celles de la liberté. En tant qu'être sensible, l'homme est disposé à l'animalité ; **en tant qu'être rationnel, il est disposé à la personnalité, c'est-à-dire à la moralité**. La connaissance élève l'homme au rang de sujet connaissant, **la moralité l'élève au rang de personne, c'est-à-dire à la dignité intrinsèque en tant que membre du règne des fins**.

Bien sûr, si la moralité est un devoir, c'est bien parce que la nature humaine est double. L'homme est tout à la fois sensible et doué de raison, et n'envisager que l'une ou l'autre de ces facettes est une abstraction, un exercice de pensée. Mais rappelons-nous que le but des *Fondements de la métaphysique des mœurs* est pédagogique. Il s'agit d'énoncer le plus clairement possible les principes de la moralité pour mieux révéler à chacun les voies de la liberté. **Le règne des fins**, « qui n'est à la vérité qu'**un idéal** », doit être la visée ultime de tous les actes pratiques. Il est **ce vers quoi doit tendre l'action humaine** en tant que mise en œuvre de la disposition immanente à la personnalité, fin en soi, racine du devoir.

Une personne humaine est digne de respect non pas en vertu de tel ou tel de ses actes ou qualités empiriques, mais **en tant qu'elle est l'une des multiples incarnations de la raison pratique**. L'essence de la subjectivité humaine ne s'accomplit qu'à travers l'autonomie comme responsabilité morale et liberté envisagée sous l'angle nouménal.

Pour conclure et résumer ce deuxième temps du texte, on peut ainsi rappeler la troisième formulation de l'impératif catégorique relative à ce règne des fins dans lequel se réalise la liberté comme essence de la personne humaine : « N'accomplir d'action que d'après une maxime telle qu'elle puisse comporter en outre d'être une loi universelle, telle donc seulement que la volonté puisse se considérer elle-même comme légiférant universellement en même temps par sa maxime. » (p. 151)

La personne est autonome dans la mesure où elle est soumise à la loi qu'elle a elle-même créée via sa raison pratique.

Elle n'est pas seulement membre du règne des fins : elle participe également du fondement de ces lois.

CONCLUSION

Dans ce texte, nous aurons donc pu avoir un aperçu d'une **vision originale de la liberté humaine et de l'action morale comme réalisation de celle-ci**. Moralité et bonheur relèvent dans une telle pensée de deux mondes différents, et la liberté se rattache bien plutôt au devoir qu'à la satisfaction personnelle. Toutefois, si c'est bien une telle distinction qui permet à Kant de ménager, « au-dessus du monde de la nécessité » (PROUST, *À la recherche du temps perdu, Du côté de Guermantes*, Paris, Gallimard, 2006, tome III, p. 462), une place pour la liberté humaine, il ne faut pas perdre de vue la **volonté pédagogique du philosophe**.

Kant n'est pas dupe quant à la nature de l'homme : il sait bien que celui-ci aura toujours tendance à mêler un intérêt particulier à ses actes moraux. Mais sa lucidité face à la nature humaine ne l'empêche pas de fonder **une théorie qui fait de la dignité et de la liberté de chacun une nécessité**.

En accord avec les valeurs des philosophes des Lumières, cette œuvre de Kant est donc importante dans l'histoire de la pensée moderne dans la mesure où elle contribue à rendre à chacun le pouvoir qui lui revient.

Votre avis nous intéresse !
Laissez un commentaire sur le site de votre librairie en ligne
et partagez vos coups de cœur sur les réseaux sociaux !

POUR ALLER PLUS LOIN

- KANT (Emmanuel), *Fondements de la métaphysique des mœurs*, Paris, Vrin, 2004.
- LEQUAN (Mai), *La philosophie morale de Kant*, Paris, Seuil, 2001.
- PHILONENKO (Alexis), *L'œuvre de Kant*, Paris, Vrin, 1997.

Rendez-vous sur lepetitphilosophe.fr et découvrez :

Plus de 1200 analyses
Claires et synthétiques
Téléchargeables en 30 secondes
À imprimer chez soi

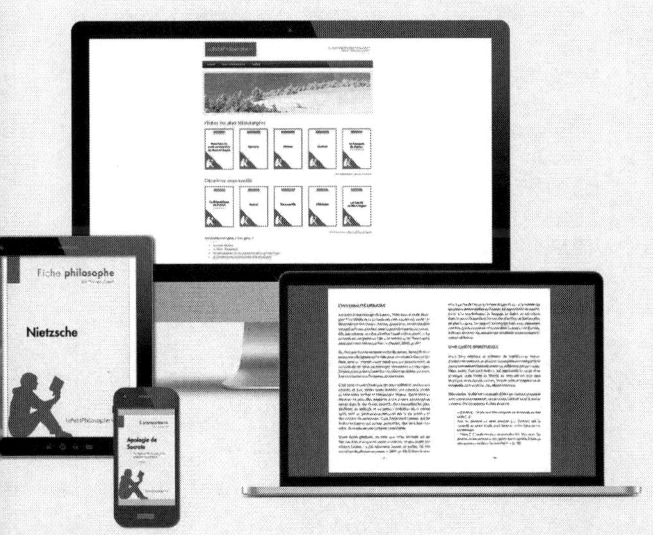

ISBN version numérique : 978-2-8062-4559-5
ISBN version papier : 978-2-8062-4599-1
Dépôt légal : D/2017/12603/556

Conception numérique : Primento,
le partenaire numérique des éditeurs.